Der kompakte Social Media Guide

Was ist Social Media?

Warum Social Media für mein Geschäft

Wie starte ich Social Media mit kleinstem
Aufwand?

Markus Köberle

Impressum

Markus Köberle
Albisstr. 2
CH-8134 Adliswil / Schweiz
E-Mail : mail+socialmediabuch@aese.ch
Website: www.coaching1.ch

Weitere Bücher von Markus Köberle

Wie veröffentliche ich mein erstes E-Book auf Amazon Kindle?
In diesem E-Book beschreibe ich den einfachsten Weg ein E-Book für Amazon Kindle zu formatieren und bei Amazon KDP zu publizieren.
Amazon ASIN: B00BC3N73G

Wie kann ich mein erfolgreiches Sachbuch schreiben?
Können Sie sich vorstellen zu sagen „Ich bin Buchautor", und möchten Sie die Anerkennung und Reputation eines Buchautors für Ihr Geschäft oder Ihre Karriere nutzen? Dann ist diese Buch für Sie.

Content und Education Marketing haben sich als das effizienteste Werbemittel herausgestellt, aber nur wenige nutzen das Content und Education Marketing in Buchform. Viele Menschen haben immer noch eine grosse Angst, ein Buch zu schreiben. Mit der Methode, die ich in diesem Buch beschreibe, ist es aber für jeden möglich, ein kleines Sachbuch oder einen kleinen Ratgeber in 2 bis 3 Monaten fertigzustellen.
Amazon ASIN: B009AVTXI0

Coaching Guide - Was ist Coaching?: Was ist New (Social) Media-Coaching?
Wie Sie im Buch vermutlich sehr schnell entdecken werden, gibt es sehr unterschiedliche Arten von Coaching. Auf der einen Seite gibt es klar Geschäfts orientierte Coachings wie das Business Coaching, Leadership Coaching, Karriere Coaching, New Media Coaching und Gehaltscoaching.
Amazon ASIN: B00KW8X4RZ

Inhalt

Vorwort / Über dieses Buch

Mein Name ist Markus Köberle, und ich helfe anderen, die neuen Medien für sich selbst und ihr Geschäft einzusetzen. Ich bin Internet-Unternehmer, Life-Coach mit Ausbildung in klinischer Hypnose und Autor von verschiedenen Büchern wie „Meine Power Autor Technik", „Coaching Guide" „Amazon Kindle Revolution" und den Nummer-1-Bestseller „Wie veröffentliche ich mein erstes Buch auf Amazon Kindle".

Zu diesem Buch

Nach meinem letzten Buch „Coaching Guide" erkannte ich den Bedarf nach weiteren Informationen im Bereich Social Media und Content-Marketing. Das ist ein Grund für das neue Buch. Der zweite Grund ist, dass mir immer wieder dieselben Fragen zum Thema Social Media und Content-Marketing gestellt werden, etwa folgende:

Wie lange gibt es schon Social Media?
Was ist Content-Marketing?
Wie beginne ich mit Social Media?
Gibt es eine einfache Schritt-für-Schritt-Formel?
Wie nutze ich Facebook, Google+, Pinterest etc.?

Welches Ziel verfolgt dieses Buch?

Ist es Ihnen vielleicht wie mir ergangen, und Sie versuchten auch einige Male, nun endlich einen Fuss in die Social-Media-Welt zu setzen? Haben auch Sie nach den ersten Versuchen das Vorhaben wieder auf die lange Bank geschoben? So erging es mir, und ich beging viele unnötige Fehler. Daraus entstand dieser Social Media Guide.

Dieses Buch richtet sich in erster Linie an Inhaber kleiner und mittlerer Unternehmen, die freiwillig und manchmal auch erzwungenermassen Interesse an der Social-Media- und Content-Marketing-Welt haben und nun einen einfachen und kostengünstigen Weg in die Social-Media-Welt suchen.

Wie kam es zu diesem Buch?

Sind Sie von der Menge an Social Media begeistert, oder fühlen Sie sich davon eher erdrückt? Bei mir war beides der Fall, und ich habe mich gefragt: „Brauche ich wirklich alle diese Social-Media-Kanäle? Brauche ich Facebook, YouTube, Twitter, Google+, LinkedIn und Pinterest?"

Ich wusste nicht, wo beginnen. Das Ganze schien mir ein wirrer Haufen von Anglizismen und Media zu sein. Also brachte ich den Ball ins Rollen und begann zu forschen, wie ich mit wenig Zeit- und Geldaufwand eine Social-Media-Präsenz aufbauen könnte.

Das Buch besteht aus zwei Teilen. In diesem ersten Teil finden wir zusammen heraus, dass Social Media eigentlich eine uralte Geschichte ist. Ja, Social Media gibt es, seit es Menschen gibt.

Nur die Form hat sich geändert. Indem ich aufzeige, dass es Social Media schon immer gegeben, möchte ich Ihnen bewusst machen, dass Sie dieses Element in Ihrem normalen Alltag schon einsetzen und nun nur noch in die Internetwelt erweitern müssen. Einfach, oder?

Im ersten Teil gebe ich auch einen kurzen Überblick dazu, worin die Eigenschaften von Facebook, Google+, Pinterest, Twitter, LinkedIn etc. bestehen. Zudem finden Sie im ersten Teil eine wirklich kleine Übersicht von zwei Management-Tools um mit den Social-Media-Diensten zu arbeiten.

Im zweiten Teil stelle ich Ihnen eine einfache Formel mit acht Schritten vor, wie Sie eine Social-Media-Präsenz aufbauen.

Ein kleiner Hinweis schon zu Beginn: Der alleinige Zweck einer Geschäfts-Social-Media-Präsenz und des Content-Marketings besteht darin, die Besucher der Social-Media-Seiten auf die eigene Website zu bringen. Warum das so wichtig ist, erfahren Sie im Buch.

Teil 1: Geschichte und Bedeutung der Social Media

Social-Media-Marketing geschah bereits zu der Zeit, als Menschen die ersten Zeichnungen in die Felsen geritzt haben und Höhlenbewohner die ersten Jagdszenen auf Wände malten.

Die Technologie hat sich seitdem ziemlich verändert, aber das Konzept dahinter ist auch heute noch das gleiche. Wir müssen uns also kurz mit der Vergangenheit des Social-Media-Marketings beschäftigen, wenn wir uns mit dessen Zukunft und Einfluss auf Geschäfte auseinandersetzen möchten.

Vor langer Zeit verwendeten Höhlenbewohner Malereien und Piktogramme, um Informationen und Ideen zu vermitteln. Sie wurden als Drohung, Warnung oder zum Gedenken von Ereignissen und Menschen verwendet. Manchmal wurden die Malereien und Piktogramme auch für Plaudereien, Beleidigungen oder dreckige Witze verwendet. Ja, ja, Witze sind eine uralte Geschichte.

Marktplätze waren Orte, an denen sich Menschen versammelten, um sich auszutauschen, zu argumentieren und zu handeln. Man kann diese also gut mit den heutigen Online-Foren vergleichen. Wir können sogar Gemeinsamkeiten mit heutigen modernen Chatunterhaltungen finden, wenn wir die Dialoge von Plato, dem bekannten Philosophen und Mathematiker aus dem fünften Jahrhundert vor Christus, lesen.

Wir können daraus also schliessen, dass es auf Social-Media-Seiten darum geht, dass Menschen mit anderen Menschen interagieren, indem Ideen und Informationen in virtuellen Gemeinden wie Facebook, Twitter, Instagram, G+, YouTube, Pinterest usw. erstellt, geteilt und ausgetauscht werden.

Wenn wir den virtuellen Teil der Social Media wegnehmen, was bleibt dann übrig? Menschen, die mit anderen Menschen interagieren – genauso, wie wir es seit Menschengedenken schon immer tun, nämlich indem wir miteinander sprechen.

1 Ist der Austausch von Informationen der Schlüssel?

Wir alle verspüren das Bedürfnis, mit anderen Menschen Informationen auszutauschen. Aus diesem Grund wurde auch Shakespeare berühmt: durch Menschen, die selbst zu seinen Lebzeiten seine unterhaltsamen Zeilen und Witze zitierten – manchmal richtig, manchmal falsch. Er war auf viele Weisen die erste virale Berühmtheit mit seinen eigenen Memes, von denen auch heute noch viele zitiert werden.

Besonders bemerkenswert ist Shakespeare, weil er kein One-Hit-Wonder war, sein Ruhm immer weiter wuchs und sich immer weiter verbreitete. Er erreichte dies, indem er immer mehr Sonette und Theaterstücke erschuf, um die Aufmerksamkeit seines Publikums aufrechtzuerhalten, um seine Fans zu unterhalten und sie sozusagen als Abonnenten zu gewinnen.

Shakespeares Theaterstücke und Sonette gingen nicht immer originär auf seine eigenen Ideen zurück. Er verwendete ältere griechische Theaterstücke, schrieb diese um, passte sie an, modernisierte sie oder wurde von diesen inspiriert – er re-postete oder re-twitterte also, wenn man es so sehen will.

Diese andauernde Flut von neuen Inhalten war der Schlüssel zu seinem Erfolg. In anderen Worten: Dank dem andauernden Fluss von Inhalten, die von Künstlern, Autoren und Historikern produziert wurden, haben wir nun eine unvergessliche Geschichte.

2 Die Bedeutung von Social Media heute

Ein paar Jahrhunderte später sind die modernen Social Media einige Schritte weiter. Zeitungen und Radio haben Social Media zwar bei der Entwicklung zu dem, was sie heute sind, geholfen, aber es war das digitale Zeitalter, das die sozialen Gemeinschaften wie nie zuvor revolutioniert hat.

Es verwenden heutzutage mehr als drei Milliarden Menschen Social-Media-Seiten, um miteinander zu kommunizieren, Kontakte zu knüpfen und Dienstleistungen, Produkte oder Veranstaltungen zu vermarkten.

Social-Media-Seiten sind zu einem integralen Teil unseres Lebens geworden, da sie moderne Lösungen für vieles bieten, was wir tun; selbst für unser Einkaufen. Laut einer Studie kaufen 50 % aller Online-Kunden Dienstleistungen oder Produkte aufgrund deren Bewertungen in Online-Foren oder auf Social-Media-Seiten.

Wir können deswegen also sagen, dass unser Bedarf an Kommunikation mit unserer gesteigerten Interkonnektivität wächst. Dies wiederum steigert unseren Bedarf am Teilen von Informationen und verwandelt Social Media – die Tools, die wir alle verwenden, um zu teilen und zu kommunizieren – in einen zentralen Aspekt unseres Lebens. Etwas, was ein Bestandteil im Leben aller Menschen ist, ist ohne Zweifel das perfekte Tool, um Produkte zu vermarkten. Was meinen Sie?

Shakespeares Geschäft wurde von der schieren Menge seiner Stücke und Sonette am Laufen gehalten. Er fachte das Interesse seines Publikums immer wieder an, und dieses wollte immer mehr. Er konnte diese Ergebnisse nur durch den andauernden Fluss von Inhalten erzielen. Shakespeare, in seiner Rolle als Dramatiker, bemühte sich immer darum, sein Material neu und frisch zu halten.

Selbst in römischen Foren, lange vor Shakespeares Zeit, waren die Sprecher, die ihren Status und ihre Informationen regelmässig aktualisierten, diejenigen, die das grösste Publikum anzogen. Wir wissen dies auch von Plato, weil er nie mit dem „Twittern" aufhörte.

Das gleiche Konzept gilt für das moderne Social Media Marketing. Der Schlüssel zum Erfolg Ihres Geschäfts in Marketingkampagnen ist das regelmässige Aktualisieren Ihrer Social-Media-Inhalte.

Sie können nur das, was Sie hineinstecken, auch herausholen. Das mag zwar ein wenig mehr Arbeit von Ihrer Seite aus bedeuten, aber die investierte Zeit und das Geld, das Sie für Ihr Social Media und Content-Marketing ausgeben, sind es letzten Endes durchaus wert.

Wenn die Inhalte Ihrer Seite frisch sind und täglich aktualisiert werden, dann generieren Sie immer mehr Traffic auf Ihrer Social-Media-Seite. Es ist wie bei einem Fluss. Ein Fluss beginnt auch mit einem kleinen Bächlein und wird mit jeden Zufluss mächtiger und mächtiger und immer stärker. Aus dem Bächlein wird ein Bach und schliesslich ein Fluss.

Je mehr „Zuflüsse" oder Inhalte Sie in den Social-Media-Fluss einbringen, umso grösser wird die Zahl der Menschen, die Ihrem Social-Media-Kanal folgen und kommunizieren. Ihr Social-Media-Kanal gewinnt an Energie, die auf Ihr Geschäft ausstrahlt. Die Menschen gehen nun einmal lieber dorthin, wo schon etwas läuft, wo die Action ist.

Ein kleines Beispiel gefällig? Welches Restaurant bevorzugen Sie? Ein leeres Restaurant oder ein Restaurant, das gut besetzt ist?

Das ganze Social-Media-System funktioniert genau so, wie die Menschen in der Vergangenheit Ideen und Informationen miteinander austauschten – der einzige Unterschied ist, dass dieser Austausch nun zusätzlich virtuell stattfindet.

Auch Shakespeare wusste, wie wichtig Social Media Marketing ist, und sprach sein Publikum an, indem er ihm immer wieder ein interessantes Thema zum Diskutieren gab. Auch Sie können auf die gleiche Weise immer mehr Besucher auf Ihre Seite locken, indem Sie immer wieder neue Inhalte auf Ihre Seite stellen. Der dadurch erzeugte Verkehr wird sich nach einer Weile auch in Conversions umwandeln.

Sie können also mehr Leser und Abonnenten gewinnen, wenn Sie Ihre Inhalte immer aktualisieren. Dabei ist es egal, ob es sich dabei um einen Blog, Twitter, Google+, YouTube oder Facebook handelt, die Sie regelmässig aktualisieren.

Falls Sie mehr Followers für Ihr Twitter-Konto möchten, dann müssen Sie kontinuierlich interessante Tweets updaten. Die Tweets sollten Bezug zu Ihren Themen haben und die Unterhaltungen anregen.

Das Gleiche gilt für Facebook. Falls Sie bereits eine Fanseite haben, dann geben Sie Ihr Bestes, um diese immer aktuell zu halten, denn dadurch werden mehr Besucher auf Ihre Seite gelockt. Nur wenn Sie kontinuierlich neuen Content liefern, wird der Besucher motiviert, immer und immer wieder vorbeizuschauen.

Frische Inhalte ziehen nicht nur mehr Besucher an. Je länger Sie Besucher auf Ihrer Fanpage halten können, umso wahrscheinlicher wird es, dass Sie die Besucher auch auf Ihre Website mit dem Blog locken können. Die Fanpage-Besucher auf Ihren Blog zu bringen, ist ja auch das Ziel der Fanpage.

Je öfter der Besucher auf Ihre Fanpage kommt, um so vertrauter wird er mit Ihrem Geschäft, Ihrem Angebot oder Ihrer Dienstleistung. Er lernt Sie besser kennen.

Auch hier gibt es wieder Parallelen zum richtigen Leben: Man kauft eher bei jemandem ein, den man kennt. Stimmt's?

Wie bereits gesagt: Es hängt alles von der Arbeit oder Energie ab, die Sie in Ihre Social-Media-Seiten stecken.

Schon Aristoteles, Lukrez und Thomas von Aquin wussten das: „Von nichts kommt nichts."

So können Sie ein effektives Marketing-Instrument aufbauen.

2.1 Was machen die Nutzer von Social-Media-Diensten?

1 Bilder teilen
2 Meinungen posten
3 Artikel verlinken
4 Persönliche Empfehlungen von Dingen geben, die sie mögen
5 Neuigkeiten teilen
6 Links zu Websites posten
7 Links zu Postings von anderen Nutzern setzen
8 Status-Updates dazu posten, was sie gerade empfinden
9 Videoclips anschauen
10 Reisevorbereitungen und zukünftige Aktivitäten mitteilen

Das Bilderteilen ist auf Facebook und Google+ der Spitzenreiter, während auf Twitter vorwiegend tägliche Aktivitäten getweetet werden.
Pro Tag werden auf Facebook ca. 4.7 Milliarden Dinge geteilt. Bereits über 60 % des Facbook-Verkehrs werden auf mobilen Geräten (Smartphones, Tablets, Phablets) erzielt.

Darum die Frage: Ist Ihre Website mobile-responsive?

Oder einfach gefragt: Ist Ihre Website auch auf einem Smartphone-Bildschirm gut lesbar? Wenn Sie eine Website mit einem Responsive-Layout haben, dann passt sich der Inhalt der Bildschirmgrösse an. Wenn Sie nicht sicher sind, dann rufen Sie Ihre Website einmal auf Ihrem Handy auf. Als Referenz können Sie www.coaching1.ch aufrufen, dann sehen Sie sofort, was ein Responsive-Design ist.

2.2 Social-Media-Dienste für Ihr Unternehmen

„Für Dinge, die wir lieben, stehen wir gerne früh auf und gehen mit Freude dorthin."

Shakespeare

Es ist wahrscheinlicher, dass potenzielle Kunden Ihre Produkte kaufen, wenn sie wissen, von wem diese stammen und woher genau die Produkte kommen. Die meisten Konsumenten nehmen sich Zeit, um vor dem Kauf online Nachforschungen anzustellen.

Falls Sie Social Media als Ihr Marketingtool verwenden, dann müssen Sie Ihr Unternehmen, Ihre Dienstleistungen oder Ihre Produkte vermarkten und sich aktiv mit Ihren Online-Besuchern beschäftigen. Dadurch wird eine interaktive Umgebung erstellt, die dabei hilft, Ihren Online-Besuchern zu versichern, dass Sie ein angesehenes und vertrauenswürdiges Unternehmen leiten.

Es gibt kaum einen besseren Weg, um neue potenzielle Kunden zu gewinnen, als durch zufriedene Kunden, die bereits wissen, was Sie anbieten, und die andere Menschen auf Ihre Marketing-Seite hinweisen.

Wenn Ihre Seite damit beginnt, Chats und andere positive Reaktionen wie das Teilen von Posts, Tweets, Pins, Likes usw. zu generieren, dann sind diese Empfehlungen auch für andere Besucher, die Ihre Seite gerade erst entdeckten, sichtbar. Dadurch entsteht ein Portal, das auch den Familien und Freunden der Kunden als wichtige Quelle für Informationen über Ihre Marke dienen kann.

Ihr Einflusskreis besteht aus den Menschen inner- und ausserhalb Ihres Unternehmens, mit denen Sie auf einer täglichen Basis interagieren. Sie sollten immer nach Schlüsselkontakten in Ihrer Nische Ausschau halten. Verbringen Sie etwas Zeit damit, diese besser kennenzulernen, und lernen Sie, wie diese mit ihrem eigenen Publikum umgehen, bevor Sie mit ihnen interagieren.

Sobald es Ihnen gelingt, eine Beziehung mit den Schlüsselkontakten aufzubauen, die Einfluss in Ihrer Nische haben, dann wird dies Ihren eigenen Einfluss auf eine positive Weise beeinflussen, und Ihre Followers werden dies auch bemerken. Diese Beziehung wird Ihnen auch dabei helfen, Ihrem Geschäft online mehr Glaubwürdigkeit zu verschaffen.

Falls Sie LinkedIn, Facebook, Twitter und andere beliebte Social-Media-Seiten für Ihr Marketing verwenden, dann werden Sie feststellen, dass diese Seiten alle hohe Website-Rankings haben. Dies bedeutet, dass die Social-Media-Dienste einen hohen Stellenwert bei Suchmaschinen wie Bing und Google geniessen. Durch die Verbindung der Social-Media-Seite mit Ihrer Website erhält Letztere mit der Zeit bessere Ranking-Ergebnisse in den Suchmaschinen.

Falls Sie ein Social-Media-Profil auf Facebook, Google+ oder Twitter haben, dann verbessern Sie die Wahrscheinlichkeit, dass Ihre Produkte von anderen Menschen in Suchmaschinen oder verwandten Suchen gesehen werden. Dadurch erhöhen sich die Chancen, dass Sie von mehr potenziellen Kunden kontaktiert werden.

Das ist das Konzept des Internets: Es hat wie ein Spinnennetz mehrere Schichten oder Wege zu einem einzelnen Punkt. Je mehr Pfade zu diesem einen Punkt führen, umso stärker wird er. Das Gleiche gilt für Social-Media-Marketing-Seiten: Je mehr Signale Sie zu einem „einzelnen Punkt" senden, umso autoritativer und stärker wird dieser Punkt (Ihre Website).

Wenn Sie also viele Kontakte und Kunden haben, die andere Menschen auf die Inhalte Ihrer Webseite, z. B. Artikel, Bilder und Videos, verweisen, dann bedeutet dies normalerweise, dass Ihre Besucher den Inhalt Ihrer Webseite nützlich, informativ und unterhaltsam finden. Das Gleiche gilt für eine Social-Media-Seite.

Suchmaschinen schenken Ihrer Seite mehr Aufmerksamkeit, wenn Ihre Seite öfter erwähnt oder von anderen empfohlen wird. Dies ist ein weiterer Faktor, der Ihnen beim Verbessern der Positionierung Ihrer Website in den Suchmaschinen hilft.

Warum sollten Sie Blogs nicht zu Ihrem Vorteil verwenden? Sie müssen kein hervorragender Schreiber sein, um zu einem guten Blogger zu werden. Blogs gibt es in vielen unterschiedlichen Formaten, und einer der Schlüssel zum Erfolg mit einem Blog besteht darin, dialogorientiert zu sein. Vielleicht möchten Sie einen traditionell verfassten Blog ausprobieren. Sie können aber auch Audioaufnahmen für Ihr Blog verwenden (Podcasts).

Sie können sich zudem das Mikrobloggen zum Vorteil machen. Dies ist eine beliebte Art des Bloggens, für das z. B. Facebook, Twitter und

Google+ eine ideale Plattform bieten. Blogbeiträge oder Postings sind ein wichtiger Bestandteil des Social Media Marketing, weil es Geschäften ermöglicht, ihren Online-Besuchern frische und relevante Inhalte zu bieten.

Falls Sie Bloggen als Teil Ihrer Online-Marketingstrategie nutzen, dann wird Ihr Unternehmen auch davon profitieren, in den Suchmaschinen gut gefunden zu werden.

2.2.1 Facebook

Eine Fanseite ist nicht nur ein einfaches Marketingtool. Es ist eher eine Community, und der Erfolg Ihres Unternehmens hängt davon ab, wie häufig Ihre Fans miteinander auf Ihrer Fanseite interagieren.
Ein Social Media Manager ist die treibende Kraft hinter dieser Marketingseite. Er kann Sie mit Einsichten über relevante Inhalte, Stichworte und perfektes Timing, das für den Erfolg Ihrer Fanseite essenziell ist, versorgen.

Facebook unterstützt Social Media Manager beim Verbessern und dem täglichen Wachstum ihrer Marketingseite und ermöglicht es den Usern, den eigenen Erfolg zu überwachen.

Facebook selbst stellt immer bessere Analysetools zur Verfügung, die für den Start und kleinere Unternehmen ausreichend sind. Für grössere Dimensionen und Marketing-Dienstleister gibt es zusätzliche Analytik- und Überwachungstools wie zum Beispiel Fanpage Karma. Allerdings ist dies ein Premiumtool, dessen Verwendung eine monatliche Gebühr kostet.

2.2.2 Fan-Engagement – warum ist es so wichtig?

Wenn sich Facebook-User ihren Newsfeed ansehen, dann sehen sie nicht alle Beiträge von ihren Freunden und den Seiten, denen sie folgen, in chronologischer Folge. Vielleicht haben Sie bereits bemerkt, dass Facebook die verschiedenen Beiträge sortiert, um sie mit den Interessen der User in Einklang zu bringen. Darum sehen wir die Beiträge von manchen Seiten so gut wie immer im Newsfeed und die Beiträge von anderen Seiten so gut wie nie.

Welche Beiträge im Newsfeed eines Users angezeigt werden, hängt davon ab, wie der User mit dem Autor der Fanpage interagiert. Es erscheinen nur die Seiten, deren Fans mit der Seite interagieren, im Newsfeed. Facebook kann erkennen, welche Seiten keine Interaktionen wie Kommentare, das Klicken des „Gefällt mir"-Buttons oder das Teilen von Beiträgen haben. Facebook nimmt dann an, die Seite sei nicht interessant genug, um auf dem Newsfeed zu erscheinen. Die Inhalte dieser Seite werden also immer seltener oder gar nicht auf den Newsfeeds angezeigt.

2.2.3 Google+

Google+ ist Facebook ziemlich ähnlich. Es ist auch ein soziales Netzwerk, in dem man sich mit anderen Nutzern vernetzt, Kontakte knüpft, Fotos teilt, Links teilt und Nachrichten schreibt. Auch Google+ hat einen Like-Button, den +1-Button. Damit kann man wie bei Facebook für das Posting voten.

Google+ kommt aus dem Hause Google. Google selbst sagt, dass Google+ keinen Einfluss auf das Suchmaschinen-Ranking habe, aber das wird von vielen Internetgurus stark angezweifelt. Im Grunde ist es sinnvoll, dass Google seine in Google+ gewonnenen Daten auch in die Suchmaschinen-Ergebnisse einfliessen lässt. Das ist ein guter Grund, um auch auf Google+ etwas aktiv zu sein.

Google+ ist noch werbefrei, aber das wird sich in absehbarer Zukunft bestimmt ändern.

2.2.4 LinkedIn

Als Marketing-Mitglied in der LinkedIn-Community können Sie die Hilfe erhalten, die Sie benötigen, um in der heutigen Welt, in der Kunden mehr Macht und Kontrolle haben, produktiver und erfolgreicher zu werden. LinkedIn arbeitet eng mit seinen Kunden zusammen, um ein Netzwerk zu erschaffen, das ideal für den Business-to-Business(B2B)-Marketingerfolg ist.

Identität – LinkedIns Datenbank ist mit echten Menschen verbunden, weil das Unternehmen glaubt, dass eine akkurate Datenbank der Mitglieder essenziell sei, um B2B-Marketing erfolgreich durchzuführen. LinkedIn kann Ihnen zudem auch dabei helfen, genau dann mit diesen Menschen in Kontakt zu treten, wenn diese in der richtigen Stimmung sind, um Geschäfte mit Ihnen zu schliessen. Unternehmen haben genauso wie Einzelpersonen die Chance, eine starke Identität auf LinkedIn zu erschaffen.

Netzwerk – LinkedIn hat über 300 Millionen registrierte Mitglieder weltweit und kann dabei helfen, die Energie, die hinter einer einzigen B2B-Beziehung steckt, durch Teilen in zehn Beziehungen zu verwandeln. Hinter LinkedIn steckt die Dynamik des weltweit grössten professionellen Netzwerks.

Wissen – Es geht bei LinkedIn nicht mehr nur um Jobs. Die Menschen beschäftigen sich heutzutage siebenmal mehr mit den Inhalten der Seite als mit den Jobs, die auf der Seite gefunden werden können. LinkedIn-Mitglieder suchen nach verschiedenen Unternehmen und Marken, die ihnen wirklich etwas bedeuten, und teilen diese Funde dann.

Viele LinkedIn-Mitglieder lesen den zusammengestellten Newsfeed am Morgen, indem sie die LinkedIn-Pulse-App auf ihrem Handy verwenden, um ihre täglichen Anregungen und Beiträge von anderen Teilnehmern zu erhalten.

Die Mitglieder der Seite können auch die Seiten von anderen Unternehmen verfolgen und die Seiten der neuesten Marken vorstellen. Die Mitglieder können sich ebenso dazu entscheiden, die Inhalte anzusehen, die Sie mit ihnen teilen.

Manche LinkedIn-Mitglieder haben sich auch dafür entschieden, längere Inhalte bereitzustellen, um sich von den anderen Mitgliedern zu unterscheiden, und verwenden dies als eine Strategie, die beim Wachstum ihres Unternehmens helfen kann.

Unter dem Strich will jeder eine gute Geschichte hören, selbst Ihre B2B-Kunden. Diese Mitglieder erkennen beim Aufbau ihrer Beziehungen, dass das Erzählen von Geschichten die neue Performance im heutigen Marketing ist, und LinkedIn bietet diesen Experten eine Plattform, auf der sie ihre Geschichten erzählen können.

Hier sind einige interessante Fakten über LinkedIn:

- LinkedIn hat über 300 Millionen registrierte Mitglieder weltweit.
- Ein LinkedIn-Mitglied verfügt im Durchschnitt über ein jährliches Haushaltseinkommen von $ 109.000.
- Jede Sekunde erstellt irgendwo auf der Welt ein Mensch ein LinkedIn-Konto.
- Fast die Hälfte aller LinkedIn-Mitglieder sind Entscheidungsträger in ihrem Unternehmen.

Es ist also recht einfach zu verstehen, warum LinkedIn als Netzwerk mit dem grössten Publikum an wohlhabenden Experten angesehen wird. Es ist wie auf anderen Social-Media-Seiten vergleichsweise günstig, Ihr kleines Unternehmen auf dieser Seite zu vermarkten. Sie können deswegen letzten Endes mehr für Ihr Geld erhalten.

Ist dies nicht die Art von Markt, die sich jeder gerne zunutze machen möchte? Falls Sie es noch nicht getan haben, dann ist es nun an der Zeit, dass Sie sich an diesem Spiel beteiligen.

2.2.5 YouTube

YouTube ist bereits zu einer der beliebtesten Websites im Netz geworden. YouTube ist aber nicht nur eine Videoplattform, sondern nach Google auch die zweitwichtigste Suchmaschine.

Viele Menschen geben zu, jeden Tag mehrere Stunden auf dieser Seite zum Teilen und Anschauen von Videos zu verbringen. YouTubes Beliebtheit nimmt auch weiterhin zu, und Millionen von Menschen verwenden YouTube zu ihrem eigenen Vorteil. Es gibt viele Unternehmen, die sich dieses Marketingtool zunutze machen, um Hunderte, Tausende und sogar Millionen von potenziellen Käufern zu erreichen.

Egal, was andere davon halten: YouTube ist nicht einfach nur eine weitere langweilige Online-Streaming-Plattform für schlechte Videos mit süssen Tieren und den epischen Pleiten des Jahres, obwohl an dieser Art von Videos natürlich nichts falsch ist.

YouTube hat eine enorme Mitgliederbasis: viel grösser als Facebook und Twitter zusammen. Diese Seite kann für Ihr Unternehmen ein sehr machtvolles Social-Media-Marketingtool sein. Es dient heutzutage vielen Unternehmen als Social-Media-Plattform.

Für das untrainierte Auge mag es auf den ersten Blick so aussehen, als ob YouTube nicht unbedingt ein brauchbares Marketingtool wäre. Die obszönen und absurden Kommentare, die man auf vielen Videokanälen erhält, helfen auch nicht gerade weiter. Falls Sie jedoch einen zweiten Blick darauf werfen, dann können Sie das enorme Marketingpotenzial von YouTube erkennen.

Abgesehen von der riesigen Anzahl von Online-Zuschauern und gelegentlichen Besuchern, die regelmässig auf YouTube vorbeischauen, hilft Ihnen die Hinzunahme von visuellen Medien dabei, der Marketingstrategie Ihres Unternehmens das gewisse Etwas zu verleihen, und unterstützt Sie dabei, Ihrer Zielgruppe Ihre Ideen auch mit audiovisuellen Mitteln näherzubringen.

Eine Tatsache über YouTube, die Unternehmer von Anfang verstehen sollten, ist, dass ihre Videos nur in recht seltenen Fällen so viral werden wie die Videos mit den Patzern des Jahres.

Lassen Sie sich dadurch aber nicht davon entmutigen, Ihre eigene Marketingstrategie auf YouTube zu verfolgen. Sie sollten dabei auch im

Kopf behalten, dass Sie die Loyalität einer bestimmten Zielgruppe gewinnen und behalten möchten.

2.2.6 Twitter

Bei Twitter liegt der Reiz im Kurzen. Mit 140 Zeichen muss die Botschaft verfasst werden. Das ist für den, der nicht gerne schreibt, ein Vorteil und für den, der lieber ausführlich schreibt, ein Nachteil.

Die 140 Zeichen machen Twitter aber zu einem sehr schnellen Social-Media-Dienst. Das zeigt sich am besten bei Katastrophen oder grossen Ereignissen. Twitter ist ein Micro-Blogging-Dienst.

Twitter ist aber weniger ein Blog als vielmehr ein Update-Stream. Jedes Update gibt die aktuelle Tätigkeit oder gerade Geschehenes wieder. Sie würden vermutlich nie einem Freund eine E-Mail schreiben, dass Sie gerade in Mallorca in einem Strandcafé einen Espresso trinken. Aber das könnte einen Tweet wert sein.

Tweets werden in der Regel mit einem Hashtag (Raute) gekennzeichnet, zum Beispiel „#coaching1".

In Deutschland ist Twitter nicht so verbreitet, aber im technischen und Internet-Bereich gut etabliert.

2.2.7 Pinterest

Wenn es um Social Media geht, dann kann ein Foto normalerweise eine positive Emotion hervorrufen. Wenn Sie z. B. an Ihren eigenen Twitter- oder Instagram-Feed denken, dann ist es durchaus möglich, dass diese voller Schnappschüsse von Sonnenuntergängen, Neid erweckender Frühstücke, Abendessen und Desserts sind, ganz zu schweigen von Fotos von Treffen mit Freunden und Familie.

Eine Studie fand heraus, dass Beiträge mit Bildern viermal öfter positive Emotionen erzeugen als Beiträge, die nur Text enthalten. Aus diesem Grund ist Pinterest so beliebt geworden. Das Tolle an Pinterest ist, dass Sie dem Bild, das Sie posten, einen Link zu Ihrer Website anhängen können.
Sie können zudem auf Ihrer Website den Pinterest-Button verwenden.

Diese Buttons ermöglichen Ihren Lesern, Ihre Blogbeiträge an ihre Pinterest-Boards zu pinnen. Pinterest hat auch Business-Seiten hinzugefügt. Diese bieten ein Tracking- und Analytic-Feature, die bei einer normalen Seite fehlen.

Pinterest hat sich zu einer der fünf beliebtesten Social-Media-Seiten entwickelt und ist ein grossartiges Medium, um mit Bildern Ihre Zielgruppe zu Ihrer Webseite zu führen.

2.2.8 Die zwei wichtigsten und einfachsten Social-Media-Managementtools für den kleinen und mittleren Betrieb: HootSuite und MarketMeSuite

Es gibt jede Menge Social-Media-Managementtools, unter denen Sie wählen können. Für den Start und wenn Sie den acht Punkten der Social-Media-Formel folgen, brauchen Sie kein Tool. Starten Sie einfach und unkompliziert.

Wenn Sie mit einem Social-Media-Kanal beginnen, können Sie die Postings ohne Probleme aus dem Editor des Social-Media-Kanals aufsetzen.

Facebook hat auch eine Planungsfunktion, mit der Sie Ihre Postings ohne Probleme eine oder mehrere Wochen im Voraus schreiben und zu einem bestimmten Datum veröffentlichen können. Facebook scheint bei der Sichtbarkeit der Postings Unterschiede zu treffen. Postings, die direkt im Facebook-Editor geschrieben werden, werden häufiger im Newsstream gezeigt.

HootSuite und MarketMeSuite: Diese beiden Managementtools können Ihnen beim Organisieren der Social-Media-Beiträge helfen. Mit beiden Tools ist es auch möglich, Ihre Postings über die verschiedenen Kanäle an Ihre jeweilige Zielgruppe zu schicken.

Sie können mit beiden kollektive Updates auf Facebook, Twitter, Google+, LinkedIn und anderen sozialen Netzwerken über Ihr Smartphone, Android, Desktop oder Tablet planen.

Mit beiden Social-Media-Tools können Sie auch die Ergebnisse Ihrer Kampagnen und Trends nachverfolgen. Die Basismitgliedschaft bei HootSuite ist kostenlos, und die Pro-Mitgliedschaft kostet im Monat ca. zehn US-Dollar. MaketMeSuite bietet einen kostenlosen 30-Tage-Testzugang und kostet danach 20 USD pro Monat.

3 Wie vermarkte ich mit Social Media?

„Stelle zuerst sicher, dass das Ziel weise und gerecht ist; ist das festgestellt, dann verfolge es energisch."

Shakespeare

Social Media hat die Weise, auf die Unternehmen mit ihren Kunden kommunizieren, sehr verändert. Was vorher ein einseitiger Dialog war, ist nun eine zweiseitige Unterhaltung geworden. Social Media sind ein Mittel, das einem Unternehmen sowohl negatives als auch positives Feedback von den Kunden zukommen lässt. Durch diese Art der offenen Kritik kann ein Unternehmen seine Produkte und Dienstleistungen verbessern und die notwendigen Änderungen vornehmen, um die Bedürfnisse der Online-Kunden besser zu befriedigen.

In der Vergangenheit verwendeten Unternehmen verschiedene Medienformate wie Fernsehen, Radio, Zeitungen und Werbeplakate, um ihre Kunden zu erreichen. Obwohl all diese erwähnten Formate auch heute immer noch als beliebte Werbemittel verwendet werden, erschwert es das Verwenden dieser Formate sehr, die Wirkung nachzuverfolgen. Sie bieten Ihnen auch keine wertvollen Daten, etwa darüber, welche Marketing-kampagnen zu den meisten Verkäufen führten oder wie viele Käufer Ihre Anzeige in der Zeitung gesehen oder im Radio gehört haben. Marketing war damals für Unternehmen wie Stochern im Dunkeln – bestenfalls ein Ratespiel.

Das Internet hat die Weise, wie Unternehmen werben, revolutioniert. Es ermöglicht den Unternehmensexperten, Klickraten zu messen, Websites-Besuche nachzuverfolgen und zu sehen, welche Kampagnen zu den besten Ergebnissen führen. Die Metriken wurden seit den 1990ern immer akkurater, aber die Kommunikation zwischen den Werbeunternehmen und den Kunden war nicht vorhanden.

Online-Marketing wurde durch die Social-Media-Dienste revolutioniert; Unternehmen hatten nun eine vollkommen andere Reichweite und Ergebnisse. Social Media erlaubten den Unternehmen, sich auf Wegen, die vorher einfach nicht möglich waren, mit ihren Kunden zu verbinden. Sie wurden zu einem Ort, in dem sowohl die Vermarkter als auch die Kunden offen und direkt miteinander kommunizieren können.

Social-Media-Marketing hat eine Situation geschaffen, die für beide Seiten gewinnbringend ist.

Die Kunden können ihre Meinungen über einen Dienst, eine Marke oder ein Produkt kundgeben und eine Antwort darauf erhalten. Durch die Macht der Social Media können Unternehmen tief in das, was für ihre Kunden wirklich wichtig ist, eintauchen und ihre Produkte und Dienstleistungen dementsprechend anpassen.

Bevor Sie jedoch damit beginnen, Social-Media-Marketingkampagnen zu erstellen, sollten Sie daran denken, was eigentlich die Ziele Ihres Unternehmens sind. Falls Sie eine Social-Media-Marketingkampagne ohne Plan beginnen, dann ist das wie eine Wanderung ohne Landkarte durch einen dichten Wald – Sie werden sich sicher verirren.

Wenn Sie davorstehen, Ihren Social-Media-Marketingplan zu erstellen, dann sollten Sie sich vorher eventuell die folgenden Fragen stellen:

- Was möchten Sie durch Ihren Social-Media-Marketingplan erreichen? Welches Publikum möchten Sie ansprechen?
- Wo befindet sich Ihr Publikum normalerweise, um mit Ihnen und anderen Mitgliedern aus der Gruppe zu chatten?
- Wie sollten sie Ihre Social Media verwenden?

- Welche Nachricht möchten Sie Ihrem Publikum durch Ihr Social-Media-Marketing zukommen lassen?

Social-Media-Marketing kann Ihnen dabei helfen, verschiedene Ziele zu erreichen, z. B.:

- Verbessern des Traffics auf Ihrer Website
- Erhöhung der Conversion
- Eine erhöhte Aufmerksamkeit für die Marke
- Eine eigene Markenidentität und eine positive Markenassoziation
- Kontakt und Interaktion mit Ihrem Schlüsselpublikum

Wenn Sie also klar definieren, was Ihre Ziele sind, dann können Sie besser messen, welche Ergebnisse Sie durch die Kampagne erhalten.

3.1 Social-Media-Marketing-Tipps

Hier sind einige Social-Media-Marketing-Tipps, die Sie verwenden können, um in all Ihren Social-Media-Kampagnen auf dem richtigen Pfad zu bleiben.

Planen Sie Ihre Marketingstrategie – Es ist, wie bereits erwähnt, sehr wichtig, einen Social-Media-Marketingstrategieplan zu haben. Wenn Sie an Ihrer Marketingstrategie arbeiten, dann denken Sie daran, welche Inhaltsideen für Ihr gewünschtes Publikum interessant sein könnten.

Inhalt – Der Inhalt Ihrer Social-Media-Beiträge ist, wie auch in anderen Arten des Online-Marketings, sehr wichtig. Stellen Sie immer sicher, dass Sie auf Ihrer Marketingseite qualitative Inhalte anbieten. Diese Art von Inhalt finden Ihre Kunden nützlich und interessant. Sie können auch versuchen, Videos, Infografiken und Bilder einzubauen, um den klassischen, textbasierten Inhalt etwas kreativer zu gestalten.

Marken-Image – Wenn Sie Social Media gut verwenden, um Ihr Unternehmen zu vermarkten, dann werden Sie das Image Ihrer Marke über die verschiedenen Social-Media-Plattformen wie

Facebook, Google+, Twitter, Pinterest etc. verbreiten können. Jede dieser Plattformen hat ihre eigene Stimme und eine einzigartige Umgebung. Ihre eigene Marke sollte jedoch immer konsistent bleiben.

Blog – Bloggen ist ein wichtiges Social-Media-Marketingtool. Es ermöglicht Ihnen, eine breite Palette an Inhalten und Informationen mit Ihren Lesern zu teilen. Sie können den Blog Ihres Unternehmens als Ihren Social-Media-Blog verwenden, auf dem Sie über die aktuellsten Veranstaltungen, Wettbewerbe und andere Social-Media-Events schreiben.

Die Konkurrenten nachverfolgen – Es ist wichtig, dem Spiel einen Schritt voraus zu sein, und Social-Media-Marketingtools können Ihnen Einsichten in die verschiedenen Strategien, die von Ihren Konkurrenten verwendet werden, geben. Sie können herausfinden, welche Strategien für Sie eventuell auch funktionieren könnten.

Metriken und Analysen – Sie können auch ohne teure Analyse-Tools messen, wie erfolgreich Ihre Social-Media-Marketingstrategien sind. Google Analytics kann Ihnen z. B. beim Messen Ihrer Social-Media-Marketingtechniken helfen und kann auch herausfinden, welche Marketingstrategien für Ihr Unternehmen am besten wirken.

3.2 Liste mit Social-Media-Plattformen für Marketing

Hier ist eine kurze Beschreibung der verschiedenen Merkmale der Social-Media-Plattformen, die Sie für das Marketing Ihres Unternehmens verwenden könnten.

Denken Sie daran, dass jede Seite ihre eigene Umgebung hat und verschiedene Marketingtechniken benötigt. Die einzelnen Beschreibungen können Ihnen eventuell eine Idee darüber vermitteln, wie Sie Ihre Strategie für die jeweilige Plattform anpassen können.

3.2.1 FACEBOOK

Facebook hat eher eine lockere und freundliche Atmosphäre. Entwerfen Sie einen interessanten Banner, da der visuelle Aspekt bei Facebook eine wichtige Rolle spielt. Es geht beim Social-Media-Marketing darum, dass Sie die Interaktionen mit Ihrem Publikum weiter verbessern, indem Sie Artikel, Bilder, Videos und Kommentare, die zum Thema passen, liefern.

Denken Sie an Shakespeare: Facebook ist ein Ort, an den Menschen gehen, um sich in ihrer Freizeit zu entspannen und mit ihren Freunden zu chatten. Halten Sie Ihren Ton auf dieser Social-Media-Plattform also locker und freundlich – und verkaufen Sie nicht, das geschieht dann erst auf Ihrer Website.

3.2.2 GOOGLE+

Google+ ist zu Facebooks neuem Konkurrenten geworden. Es bietet die gleiche lockere und spassige Atmosphäre. Sie können Ihre Fotos, Videos und Links hochladen und teilen. Sie können auch den Beitrag von allen, die ihn mit einem Plus bewerteten, hochluden und teilten, sehen. Google+ ermöglicht Ihnen, Ihre eigenen Kreise zu bilden, in denen Sie Ihre Followers in kleinere Gruppen einteilen können. Dies macht es möglich, bestimmte Beiträge nur mit einer bestimmten Gruppe zu teilen. Sie können z. B. einen Fan-VIP-Kreis erstellen und besondere Angebote und Rabatte nur mit diesem Kreis teilen.

Sie können mit Google Hangouts eine Videokonferenz hosten und mit einigen der Features auf kreative Weise experimentieren. Falls Sie Abenteuerlust verspüren, dann können Sie Ihre

+1s auch zu Ihrer Google-Community einladen. Dadurch können Sie sich das Feedback Ihrer Fans anhören und über bestimmte Dienste oder Produkte, die Sie vermarkten, Rückmeldungen erhalten. Dadurch wird „Social" wirklich ein Teil der Social Media.

3.2.3 PINTEREST

Pinterest ist einer der aktuellsten Dienste innerhalb der Social-Media-Trends. Pinterest ist eine Plattform, die sich auf Bilder konzentriert und ideal für Unternehmen im Verkauf zu sein scheint.

Jeder kann mit etwas Initiative, Eigenständigkeit und Kreativität seine eigene Marke auf dieser Seite vermarkten. Pinterest kann dabei helfen, die Produkte, die Sie anbieten, ins Rampenlicht zu stellen, und kann Ihnen dabei helfen, die Identität Ihrer Marke durch Ihre eigenen, einzigartigen Pinboards zu entwickeln.

3.2.4 TWITTER

Das Verwenden von Twitter als Ihr Social-Media-Marketingtool ermöglicht Ihnen das Ausstrahlen Ihrer Updates über das Web hinweg. Die Art von Marketing, die Sie mit Twitter erhalten, dreht sich rund um Dialog und Kommunikation. Sie sollten also darauf vorbereitet sein, viel zu twittern und so viel wie möglich zu interagieren.

3.2.5 LINKEDIN

LinkedIn ist eher eine Social-Media-Seite für Experten. Im Grunde genommen interagieren und beraten sich auf dieser Seite unternehmerische Experten miteinander. LinkedIn-Gruppen sind ideale Orte für professionelle Dialoge mit anderen Experten, die eventuell auch aus der gleichen Branche stammen. LinkedIn bietet Ihnen einen Platz, in dem Sie Ihre Ideen und Ihre Inhalte mit gleichgesinnten Individuen teilen können.

Eine Marketingstrategie für diese Seite ist, dass Sie deren Mitglieder bitten, Ihnen auf Ihrer Profilseite Empfehlungen zu geben. Dies kann den Ruf, die Glaubwürdigkeit und die Zuverlässigkeit Ihres Unternehmens in den Augen von neuen Kunden verbessern.

Teil 2: Acht Schritte der Social-Media-und-Content-Marketing-Formel

Kurz gefasst: Der alleinige Zweck einer geschäftlichen Social-Media-Präsenz und des geschäftlichen Content-Marketings besteht darin, die Besucher der Social-Media-Seiten auf die eigene Website zu bringen.

4 Warum Besucher auf die eigene Website bringen?

Warum eine eigene Website aufsetzen? Facebook und die anderen Social-Media-Dienste sind doch gratis? Im Gegensatz zu Facebook, Google+ und Twitter etc. gehört der Blog Ihnen. Mit Ihrem Blog können Sie tun und lassen, was Sie wollen. Wenn Sie eine Fanpage bei Facebook haben, dann „gehört" diese zwar Ihnen, aber sie gehört im Endeffekt Facebook. Und Facebook kann die Regeln von einem Tag auf den anderen ändern. Das nur so am Rande.

Nun zurück zur Social-Media-und-Content-Marketing-Formel.

Ich lese immer wieder von Geschäftsleuten, die sich beklagen, dass Facebook keine Kunden bringe.

Und wenn ich dann die Fanpage anschaue, dann zeigt es sich, dass keine Strategie da ist, die Facebook-Besucher weg von Facebook auf die Geschäftswebsite zu bringen. Innerhalb der Social-Media-Umgebung Geschäfte zu machen, ist sehr schwierig. Darum noch einmal: Der alleinige Zweck der geschäftlichen Social-Media-Präsenz ist es, den Interessenten auf die eigene Website zu lotsen. Punkt.

5 Die Übersicht behalten

Okay, nun haben Sie in den vorhergehenden Kapiteln die wichtigsten Informationen zu Social Media gelesen. Sie wissen nun, dass es Facebook, LinkedIn, Twitter, Google+, Pinterest und YouTube gibt.

Fühlen Sie sich von der Menge an Social Media begeistert oder erdrückt? Bei mir war beides der Fall. Und ich habe mich gefragt: „Brauche ich wirklich alle diese Social-Media-Kanäle? Brauche ich Facebook, YouTube, Twitter, Google+, LinkedIn und Pinterest?"

Meine Antwort ist: Ja, aber …

Es geht nicht darum, auf möglichst vielen Social-Media-Kanälen zu spielen. Es geht vielmehr darum, einen oder zwei Kanäle mit der richtigen und relevanten Story in Gang zu bringen.

Es ist nicht wichtig, möglichst viele Fans zu haben – es ist wichtig, die richtigen Fans zu haben. Was heisst das? Sie liefern Inhalte, die für Ihr Zielpublikum sinnvoll und nützlich sind. Sie bauen damit eine Verbindung zu Ihren Interessenten auf. Sie liefern kontinuierlich Lösungen für die

Probleme und relevante Informationen für Ihre Fans.

Das ist viel effizienter als riesige Marketing- und Promotion-Kampagnen. Die ganze Social-Media-und-Content-Strategie hat nicht das Ziel, eine möglichst breite Masse zu erreichen, sondern eine auf das Produkt fokussierte Gruppe von Qualitätsinteressenten (Fans) aufzubauen.

6   Warum Social-Media- und Content-Marketing miteinander verbinden?

Ich habe eine Statistik aus den USA gesehen, die sagt, dass Geschäfte mit einem aktiven Blog 97 % mehr Leads (Kundenkontakte) erhalten als Geschäfte ohne Blogbeiträge.

Weiter sagt die Statistik, dass 61 % der Kunden sagen, eher von Unternehmen zu kaufen, die relevante Inhalte liefern.
Content-Marketing ist ein Weg, um die richtigen Interessenten in Bezug auf Ihr Geschäft anzuziehen. Das wird erreicht durch interessanten und relevanten Content.

Vier von fünf Entscheidungsträgern geben an, sich vor dem Kauf eines Produktes Informationen im Internet zu holen.

Noch ein kurzer Hinweis zu Ihrer Social-Media-Arbeit. Social Media ist kein 100-Meter-Rennen, sondern ein Langstreckenlauf, bei dem es Ausdauer braucht. Entscheidend ist der kontinuierliche Strom von Postings.

Erinnern Sie sich in Kapitel 1 an das Beispiel von Shakespeare? Die andauernde Flut von neuen

Inhalten war der Schlüssel zu seinem Erfolg. Aber auch Shakespeare startete einmal beim Nullpunkt. Für den Aufbau Ihrer Social-Media-Präsenz brauchen Sie Geduld. Je nachdem, wie Ihre finanziellen Mittel sind, kann die Durststrecke drei bis sechs Monate dauern, bis Sie die ersten Resultate sehen.

7 Wie starte ich meine Social-Media-Aktivitäten? Die 8 Schritte

Nun werden sich die meisten Leserinnen und Leser fragen: „Wie starte ich meine Social-Media-Aktivitäten?"

Das ist ganz einfach. Eins nach dem anderen oder Schritt für Schritt.

7.1 Schritt 1 – Wählen Sie Ihren ersten Social-Media-Kanal aus.

Eigentlich wollte ich schreiben: „Welcher Social-Media-Kanal sagt Ihnen am besten zu?" Aber wenn ich ehrlich bin, kommt als erste Wahl für die meisten zurzeit nur Facebook infrage. Facebook ist der Platzhirsch unter den Social-Media-Diensten mit den meisten aktiven Nutzern und besten Werbemöglichkeiten. Und weil Facebook eine so grosse Nutzerzahl hat, wird auch Ihr Geschäftsfeld in Facebook abgedeckt sein. Facebook ist leicht zu bedienen und ist eine exzellente Plattform, um Werbung für den Content auf Ihrer Website zu machen.

7.2 Schritt 2 – Das richtige Zielpublikum

Wissen Sie exakt, welches Ihr Zielpublikum ist? Wenn nicht, dann ist Ihre erste Handlung, das exakte Zielpublikum zu finden.

Warum ist Schritt 2 entscheidend? Je besser Sie Ihr Zielpublikum definieren, umso gezielter und detaillierter können Sie dieses mit relevanten Postings versorgen, was dann zu einer grösseren Zufriedenheit Ihrer Fans führt.

Hier einige Fragen, die Ihnen helfen, Ihr exaktes Zielpublikum zu finden:

- Wer ist mein bester Kunde?
- Was macht diese Person so interessant?
- Was schätze ich an dieser Person?
- Was schätzt diese Person an meinen Produkten?
- Welches ist mein schlimmster Kunde?
- Wie kann ich schlechte Kunden vermeiden?

Nun haben Sie Ihren ultimativen Kunden gefunden und gehen der Sache noch etwas tiefer auf den Grund:

- Wie helfen ihm meine Produkte?
- Was ist seine grösste Angst?

- Was leistet er für seinen Lebensunterhalt?
- Welchen Lebensstil pflegt er?
- Hat er Familie?

Gerne können Sie dieser Liste noch weitere Fragen hinzufügen. Je mehr Details und Charakteristika Sie finden, umso klarer, griffiger und stimmiger wird das Bild, und Sie verstehen Ihren Kunden besser.

7.3 Schritt 3 – Content-Marketing: die passenden Inhalte liefern

Sobald Sie Ihre Zielgruppe definiert haben, haben Sie Klarheit darüber, welche Art von Inhalten passend ist.

Der Autor Joe Pulizzi schreibt: „Content-Marketing ist ein Marketing- und Geschäftsprozess für die Erstellung und Verteilung von wertvollem, relevantem und überzeugendem Inhalt mit dem klar definierten Ziel, eine profitable Handlung beim Kunden auszulösen."

Das setzt natürlich voraus, dass der Schritt 2 gewissenhaft erledigt wurde. Denn dann ist es ein Leichtes, den entsprechenden Inhalt zu liefern.

Die Inhalte (Content) erfüllen zwei Anforderungen:
- Den Interessenten und Kunden Lösungen aufzuzeigen
- Den Interessenten und Kunden Ihre Kompetenz aufzuzeigen

7.3.1 Das Medium auswählen – Social Media

oder Blog?

Ich habe zwei verschiedene Klassen von Inhalten: den leichten Stoff für meine Social-Media-Aktivitäten und den schwereren Stoff für den Blog, die E-Books und Podcasts.

Was ist leichter und schwerer Stoff?

Der leichte Stoff für die Social-Media-Kanäle ist eine Mischung aus Unterhaltung und Information.

Unterhaltung:

Die Unterhaltung kann aus Elementen wie diesem Zitat bestehen:

„Hoffnung ist ein Mittelding zwischen Flügel und Fallschirm." (Tilla Durieux)

Oder Sie verwenden Memes, die zum Teil einen Bezug zu Ihrem Geschäft haben können. Was sind Memes? Das sind Bilder mit einem gescheiten oder lustigen Spruch.

Informationen:

Die Informationen können Links zu einem Artikel auf Ihrer Webseite sein oder Links zu relevanten Artikeln im Internet.

Bei mir funktionieren die Social-Media-Kanäle als Zubringer für Blogs etc. Somit ist auch die „Flussrichtung" vorgegeben: von Social Media zum Blog.

Zur Wiederholung, Der alleinige Zweck einer geschäftlichen Social-Media-Präsenz und Content-Marketing besteht darin, die Besucher der Social-Media-Seiten auf die eigene Website zu bringen.

Was soll ich in meinem Blog schreiben, damit ich Interesse wecke?

Eine kurze Frage: Wie geht es Ihnen? Haben Sie beim Surfen im Internet auch schon zum nächsten Artikel geklickt, wenn der Artikel, den Sie begonnen haben zu lesen, nicht interessant war?

Und wie war das? War das anstrengend oder nur ein kleiner Klick auf Ihrer Maus? Genau diesen schnellen Klick weg von Ihrer Website wollen Sie bei Ihrem Blog vermeiden, richtig? Mit dem richtigen Content halten Sie die Leser auf Ihrer Website.

Sie als Fachfrau oder Fachmann haben vermutlich ein Problem: Sie wissen sehr, sehr viel über Ihr Gebiet. All das Wissen ist für Sie selbstverständlich. Stimmt's? Aber Ihr Leser hat dieses Wissen nicht. Für den Anfänger können selbst triviale Tipps ein Aha-Erlebnis auslösen. Darum treten Sie einen Schritt zurück, und schreiben Sie bewusst für „Anfänger". Denn das sind Ihre zukünftigen Kunden. Sie schreiben für die „Anfänger". Die „Anfänger" suchen nach Informationen, nicht Ihre Konkurrenz.

Fünf Tipps für Ihren Content

1 Ein Artikel = ein Problem oder eine Situation behandeln
2 Erkläre die einzelnen Schritte.
3 Komme auf den Punkt.
4 Sei ein Mensch. Schreibe von deinem Herzen für Menschen.
5 Erkläre. warum die Tipps oder Werkzeuge funktionieren.

7.3.2 Hilfe, ich weiss nicht, was ich schreiben soll!

Kein Problem, es gibt viele Wege, um interessante Inhalte zu finden.

Was macht meine Konkurrenz auf Facebook? Bevor Sie loslegen, schauen Sie, was Ihre Mitbewerber für Aktivitäten auf Facebook und dem Blog an den Tag legen. Welche Postings haben am meisten Likes oder wurden am meisten geteilt? So haben Sie schon einen Anhaltspunkt, worüber Sie schreiben können.

Wenn Sie keinen direkten Mitbewerber auf Facebook finden, dann ist das völlig Okay. Sie könnten einen kleinen Freudentanz aufführen. Denn Sie sind der Erste und Ihrer Konkurrenz tausend Schritte voraus.

Was mache ich, wenn ich keine Mitbewerber-Fanpage oder keinen Mitbewerber-Blog finde?

Dann schauen Sie, ob es Magazine und Zeitungen in Ihrem Gebiet gibt, die eine Facebook(FB)-Fanpage oder einen Blog haben. Oder gibt es Clubs, Buchautoren oder eine Berufsvereinigung mit einer FB-Fanpage oder einem Blog? Welche Buch-Bestseller gibt es auf Ihrem Gebiet? Amazon bietet eine einfache Suchfunktion, mit der Sie die Bestseller-Bücher finden können.

Dann fragen Sie sich auch noch: „Welche fragen stellen meine Kunden am häufigsten?" Diese Fragen suchen nach Antworten.

Und hier noch ein Tipp: Suchen Sie im Google-AdWords-Tool nach den meistgesuchten Keywords in Bezug auf Ihr Gebiet. Warum sind diese Keywords interessant? Ganz einfach: Wenn die Menschen nach etwas suchen, dann können Sie im Blog Antworten liefern. Und wenn Sie Lösungen liefern, werden Sie weiterempfohlen. Einfach, oder?

7.4 Schritt 4 – Richten Sie Ihre Fanpage ein, und schreiben Sie Ihre ersten Postings.

Die Fanpage ist nicht Ihre persönliche Seite, sondern eine „Unterseite" Ihrer persönlichen FB-Seite. Schreiben Sie täglich ein bis zwei Postings, wie im vorhergehenden Abschnitt beschrieben. Das machen Sie mindestens während zweier Wochen. Dann gehen Sie zum nächsten Schritt.

7.5 Schritt 5 – Kaufen Sie keine Fans.

Nur Anfänger kaufen Fans. Anfänger, die denken, viele Fans wären nützlich. Gekaufte Fans haben keinen Mehrwert. Im Gegenteil: Inaktive Fans zeigen Facebook, dass diese gekauft sind, und bringen Ihnen keine Interaktionen mit Ihren Postings.

7.6 Schritt 6 – Kaufen Sie Fans.

Jetzt, da Ihre Fanpage schon etwas Inhalt hat, können Sie damit beginnen, Ihre Fanpage bekannt zu machen. Und Sie können damit beginnen, Fans zu kaufen. Ja, das scheint ein Widerspruch zu sein, der sich aber gleich auflöst. Bei Facebook können Sie Page-Likes-Werbung kaufen.

Facebook hat eine spezielle Werbeoption, um für Fanpage-Likes für Ihre Fanpage zu werben. Mit der Page-Like-Werbeoption können Sie Fans mit Bezug und Vorlieben für Ihr Produkt oder Ihre Dienstleistung finden und bewerben. Diese, bei Facebook mit Werbung gewonnenen Page Likes sind zwar teurer als gekaufte Page Likes, aber eben relevanter, und von diesen können Sie Interaktionen mit Ihren Postings erwarten.

7.7 Schritt 7 – Controlling einrichten

Nun wollen Sie vermutlich auch wissen, ob Ihre Fanpage-Besucher auf Ihre Website bringt. Dafür können Sie auf Ihrer Website das Google-Analysetool installieren, das Ihnen aufzeigt, woher die Besucher kommen und wie viele Besucher über Ihre Social-Media-Kanäle kommen.

7.8 Schritt 8 – Weitere Social-Media-Kanäle einrichten

Dieser Schritt eilt nicht. Was sicher nicht schadet, ist ein Account bei Google+. Postings mit Links zu Ihren Blogartikeln helfen, diese schnell im Google-Suchindex zu indexieren. Je nach Branche ist auch ein Twitter- und LinkedIn-Konto sinnvoll. Wenn Sie viele Bilder haben, dann sollte auch Pinterest auf Ihrer Liste stehen. Und für Videos ist YouTube angesagt. Unterschätzen Sie YouTube nicht, YouTube ist die zweitgrösste Suchmaschine im Internet.

Fazit: Beim Social-Media- und Content-Marketing erhalten Sie nur so viel, wie Sie hineinstecken. Starten Sie mit einem Social-Media-Kanal, und wenn dieser läuft, nehmen Sie einen weiteren dazu.

Schlusswort

„Wir wissen, wer wir sind, aber wir wissen nicht, was wir sein könnten."

Shakespeare

Es gibt eine herausragende Sache, die unsere moderne Social-Media-Welt und diejenige, die am Anfang dieses Buches erwähnt wurde, unterscheidet:

Anders als die Werke von Shakespeare werden unsere Nachrichten, Beiträge, Tweets und Pins wahrscheinlich nicht andauern. Sie sind einfach nur flüchtige Erwähnungen in einer Flut von Worten, die es im Internet gibt.

Das bedeutet jedoch nicht, dass sie keinen Wert haben. Der Wert mag nur flüchtig sein, aber falls dies richtig angepackt wird, dann kann dieser Wert monetär sein. Unterschätzen Sie nie einen 140-Zeichen-Tweet. Übersehen Sie nie den Wert, den ein schneller Beitrag haben könnte. Worte, Bilder und Videos sind leistungsstark. Durchdenken Sie also immer jede einzelne Ihrer Social-Media-Kampagnen.

Es gibt noch viele andere Social-Media-Analyse- und Managementtools, die wir nicht behandelt haben, aber es gibt auch eine allgemeine Regel: Alle Tools funktionieren. Aber kein Tool der Welt bringt Ergebnisse, wenn keine Inhalte zum transportieren sind.

Denken Sie daran: Eine Gemeinsamkeit, die alle Social-Media-Dienste haben, ist, dass sie Menschen die Möglichkeit zum Kommunizieren geben. Menschen werden immer miteinander reden.

Und solange Menschen kommunizieren, können Sie diesen etwas vermitteln, anbieten oder verkaufen.

Weitere umfassende Informationen zu Social Media & Coaching:

www.coaching1.ch

Danke, dass Sie dieses Buch gekauft und gelesen haben.

Weitere Bücher von Markus Köberle

Wie veröffentliche ich mein erstes E-Book auf Amazon Kindle?
In diesem E-Book beschreibe ich den einfachsten Weg ein E-Book für Amazon Kindle zu formatieren und bei Amazon KDP zu publizieren.
Amazon ASIN: B00BC3N73G

Wie kann ich mein erfolgreiches Sachbuch schreiben?
Können Sie sich vorstellen zu sagen „Ich bin Buchautor", und möchten Sie die Anerkennung und Reputation eines Buchautors für Ihr Geschäft oder Ihre Karriere nutzen? Dann ist diese Buch für Sie.

Content und Education Marketing haben sich als das effizienteste Werbemittel herausgestellt, aber nur wenige nutzen das Content und Education Marketing in Buchform. Viele Menschen haben immer noch eine grosse Angst, ein Buch zu schreiben. Mit der Methode, die ich in diesem Buch beschreibe, ist es aber für jeden möglich, ein kleines Sachbuch oder einen kleinen Ratgeber in 2 bis 3 Monaten fertigzustellen.
Amazon ASIN: B009AVTXI0

Coaching Guide - Was ist Coaching?: Was ist New (Social) Media-Coaching?
Wie Sie im Buch vermutlich sehr schnell entdecken werden, gibt es sehr unterschiedliche Arten von Coaching. Auf der einen Seite gibt es klar Geschäfts orientierte Coachings wie das Business Coaching, Leadership Coaching, Karriere Coaching, New Media Coaching und Gehaltscoaching.
Amazon ASIN: B00KW8X4RZ

Weitere umfassende Infomationen zu Social Media & Coaching:

www.coaching1.ch